# Barnimer Land
## Ursprüngliches ganz nah

Eine einzigartige Kulturlandschaft möchte entdeckt werden!

„Es ist ein Märchenplatz, auf dem wir sitzen, denn wir sitzen am Ufer des Werbellin!" Von Theodor Fontane stammt diese Liebeserklärung an den malerisch gelegenen Werbellinsee, der bis heute die Besucher in seinen Bann zieht. Doch der berühmte See ist lediglich *eine* Perle des bezaubernden Barnimer Landes. Denn eigentlich ist es das harmonische Zusammenspiel von Natur, Geschichte und Kultur, das diesen Landstrich so attraktiv macht.
Inmitten der dünn besiedelten Kulturlandschaft mit seinen tiefen Wäldern, verträumten Seen und einer einzigartigen Fluss- und Kanallandschaft wollen historische Dörfer, Städte und alte Denkmale entdeckt werden. Alte Feld- und Backsteinbauten, wunderschöne Kirchen und Klöster, aber auch imposante Industriedenkmale sind Zeugnisse der wechselvollen Geschichte dieses uralten Siedlungsgebietes. Und das gerade mal eine Stunde vom Berliner Stadtzentrum entfernt.
Wir laden Sie nun herzlich ein, das schöne Barnimer Land zu entdecken und freuen uns auf Ihren Besuch!

Seien Sie herzlich willkommen!
Ihr **WITO-Team**

**Unser Geheimtipp:**
Ob radelnd, wandernd oder per Boot: Wer das pure Naturerlebnis sucht, der kann diese einmalige Landschaft zu jeder Jahreszeit erkunden.

# Region Schorfheide und Chorin-Oderberg

## Die Schorfheide

Die Schorfheide ist eines der größten zusammenhängenden Waldgebiete Mitteleuropas. Sie ist Teil des Biosphärenreservates Schorfheide-Chorin. Inmitten der ursprünglichen Wälder erfreuen herrliche Ausblicke auf fast versteckte Seen jeden Wanderer und Radfahrer.

Die Landschaft der Schorfheide ist mit ihren dichten Wäldern, ihren Mooren, ihren vielen Seen und einer einmaligen Pflanzen- und Tierwelt, die im restlichen Europa teilweise schon ausgestorben ist, etwas Einmaliges, Schützenswertes. Viele bedrohte Tierarten haben hier einen geeigneten Lebensraum gefunden. In fast jedem Dorf brütet noch der Weißstorch. Überdies ist die Schorfheide dank ihres hohen Wildbestandes schon seit Kaiserzeiten ein attraktives Jagdgebiet. Die heutige Oberflächenform der Schorfheide ist vor allem durch die letzte Eiszeit vor etwa 10.000 Jahren geprägt worden. Vielerorts finden sich in dieser ursprünglichen Landschaft menschliche Zeugnisse, die von einer Jahrhunderte alten Siedlungsgeschichte berichten.

Inmitten der Schorfheide liegt der sagenumwobene Werbellinsee, einer der schönsten Seen Brandenburgs. Mit seinem klaren Wasser lockt der See Naturliebhaber ebenso wie Wassersportler. In Groß Schönebeck, dem „Tor zur Schorfheide", kann man den Wildpark Schorfheide und das im ehemaligen Jagdschloss befindliche Schorfheidemuseum besichtigen.

Viele Wander- oder Radwege ermöglichen den Besuchern, die einzigartige Natur zu erleben.

## Chorin - Oderberg

Eingebettet in den Choriner Endmoränenbogen und umgeben von dichten Wäldern findet man in der idyllischen Landschaft um Chorin-Oderberg viele schöne Seen. Einer von ihnen ist der Parsteiner See, der zu den saubersten des Barnim zählt und seine Besucher nicht nur zum Baden und Camping, sondern auch zum Wandern und Radfahren einlädt.

Beschauliche Orte wie Oderberg, Stolzenhagen und Brodowin fügen sich harmonisch in die waldigen Endmoränenhügel ein. Das Ökodorf Brodowin steht seit Jahren für hervorragende Naturprodukte. Beliebte Besucherattraktionen sind das Schiffshebewerk Niederfinow, dessen Trog in nur fünf Minuten einen Höhenunterschied von 36 Metern überwindet, sowie das 725-jährige Zisterzienserkloster Chorin, eines der schönsten und bedeutendsten Baudenkmale deutscher Backsteingotik. Der Choriner Musiksommer lockt alljährlich Tausende Musikfreunde aus aller Welt zum Konzerterlebnis vor einer einzigartigen Kulisse.

## Ausflugstipps für die Region

### Sehenswürdigkeiten

#### Althüttendorf

Grimnitzer Glashütten
Neue Dorfstraße 5 (03 33 61)
16247 Althüttendorf OT Neugrimnitz ☎ 7 08 15 oder 6 41 88
*http://www.glashuettegrimnitz.com*

#### Chorin

Kloster Chorin Klosterverwaltung
Amt Chorin 11   Fax   (03 33 66) 7 03 78
16230 Chorin   ☎   (03 33 66) 7 03 77
*http://www.kloster-chorin.com*

### Eichhorst
Askanierturm

### Friedrichswalde
Heimatstube Friedrichswalde
Dorfstraße 67
16247 Friedrichswalde ☎ (03 33 67) 2 35

### Glambeck
Kirchlein am Welsetal
Dorfkirche Glambeck
16247 Friedrichswalde OT Glambeck ☎/Fax (03 33 61) 7 02 65
*http://www.glambeck-schorfheide.de*

Dorfmuseum Glambeck
Weg am Park (am Taubenturm) Fax (03 33 61) 2 52
16247 Friedrichswalde OT Glambeck ☎ (03 33 61) 7 02 65

### Groß Schönebeck
Schorfheide-Museum e.V.
Schlossstraße 6 Fax (03 33 93) 6 52 32
16244 Schorfheide ☎ (03 33 93) 6 52 72
OT Groß Schönebeck

### Joachimsthal
Kaiserbahnhof
Schinkelkirche

BIORAMA-Projekt
Am Wasserturm
16247 Joachimsthal ☎ (03 33 61) 6 49 31
*http://www.biorama-projekt.org*

### Niederfinow

Schiffshebewerk Niederfinow
Hebewerkstraße ☎ (0 33 34) 27 60
16248 Niederfinow (03 33 62) 2 15
http://www.wsa-eberswalde.info

### Oderberg

Binnenschifffahrtsmuseum
Hermann-Seidel-Str. 44 (03 33 69)
16248 Oderberg ☎ 4 70/53 93 21
http://www.bs-museum-oderberg.de

## Ausflüge

### Althüttendorf
Naturbeobachtungsturm

### Groß Schönebeck

Wildpark Schorfheide
Prenzlauer Str. 16
16244 Schorfheide
OT Groß Schönebeck ☎ (03 33 93) 6 58 55
http://wildpark-schorfheide.de

### Parlow
Naturbeobachtungsstand Mellin, Speicher

### Pehlitzwerder
Aussichtspunkt Rummelsberg

### Stolzenhagen / Lunow

Geologischer Garten Stolzenhagen
Eisengrund 6 (03 33 65)
16248 Lunow-Stolzenhagen ☎ 3 59/7 05 56
http://www.geologischer-garten.de

# Region Finowkanal und Eberswalde

## Finowkanal

Weit mehr als 150 Jahre war der Finowkanal eine der wichtigsten deutschen Binnenwasserstraßen und trug wesentlich zur industriellen Entwicklung des Finowtals bei. Urlauber und Tagestouristen sind hier jetzt unter sich und können die reizvolle Landschaft in aller Ruhe genießen.

Malerisch durchzieht der 400 Jahre alte Finowkanal vom Langen Trödel bei Liebenwalde bis zur Alten Oder bei Hohensaaten das Barnimer Land. Genügend Zeit und Geruhsamkeit sollten Wasserwanderer mitbringen, denn auf der Fahrt wollen 12 handbetriebene historische Schleusen passiert werden. Wer es weniger anstrengend als eine Paddeltour mag, dem sei eine Fahrt mit dem historischen Finowmaßkahn „Anneliese" oder dem Erlebnisfloß „Schippelschute" empfohlen. Der gut ausgebaute Oder-Havel-Radweg entlang des Finowkanals lädt Wanderer und Radfahrer zur Entdeckungstour auf dem Landwege ein. Mit dem alljährlichen Finowfurter Flößerfest im Juni werden alte Traditionen rund um den Kanal wieder belebt und gebührend gefeiert. In Finowfurt lohnt sich ein Besuch des Erlebnisparks Luftfahrt, der mit Flugzeugen und Fahrzeugen zum Anfassen und Mitfliegen begeistert.

## Eberswalde

Die Geschichte der heutigen Kreisstadt des Landkreises Barnim ist geprägt von Handel und Industrie. Als „Wiege" der Brandenburg-preußischen Industrie wird Eberswalde bezeichnet. Eingebettet in eine reizvolle Landschaft war Eberswalde bereits im 19. Jahrhundert als Kur- und Badeort bekannt. Mit der Eröffnung der Eisenbahnlinie Berlin-Stettin 1842 wurde Eberswalde als beliebtes Ausflugsziel für viele erreichbar.

Heute ist die über 750-jährige Stadt ein wichtiger Standort für Dienstleistung, Wissenschaft, Technologie und Innovation.

Die einst prägende Industrie hinterließ eine Reihe bedeutender Industriedenkmale. Besonders sehenswert ist außerdem die Maria-Magdalenen-Kirche, das Museum in der Adler-Apotheke, der Forstbotanische Garten und die Messingwerksiedlung. Großer Beliebtheit erfreut sich der Eberswalder Zoo, der als bester kleiner Zoo Deutschlands ausgezeichnet wurde und mit seinem aufregenden Löwengehege Hochspannung bei Groß und Klein verspricht. Der Familiengarten auf dem Gelände der ehemaligen Landesgartenschau lockt mit zahlreichen Veranstaltungen, dem begehbaren Eberkran und einer einzigartigen Märchenspiellandschaft Tausende Besucher an. Und als Stärkung sollte man in Eberswalde unbedingt einen Spritzkuchen genießen, denn – wer hätte das gedacht – der Spritzkuchen wurde 1832 erstmals hier gebacken.

## Ausflugstipps für die Region

### Sehenswürdigkeiten

### Eberswalde

Museum in der Adler-Apotheke
Steinstr. 3　　　　　　　　　　　Fax　　(0 33 34) 6 45 21
16225 Eberswalde　　　　　　　☎　　(0 33 34) 6 45 20

Zainhammer Mühle
Am Zainhammer 5
16225 Eberswalde　　　　　　　☎　　(0 33 34) 6 55 27
http://www.diemuehle.de

Messingwerksiedlung
Erich-Steinfurth-Straße　　　　　　　　　　　(0 33 34)
16227 Eberswalde　　　　　　　☎　6 45 20 und 38 49 10

Maria-Magdalenen-Kirche, St.-Georgen-Kapelle

Goethetreppe und Aussichtspunkt Drachenkopf

Paul- Wunderlich-Haus

Kleine Galerie

Waldsolarheim

# Ausflüge

### Eberswalde

Zoologischer Garten Eberswalde
Am Wasserfall 1  Fax  (0 33 34) 2 34 65
16225 Eberswalde  ☎  (0 33 34) 2 27 33
http://www.zoo.eberswalde.de

Forstbotanischer Garten
Schwappachweg
16225 Eberswalde  ☎  (0 33 34) 6 55 62
http://www.fh-eberswalde.de/fbg

Familiengarten Eberswalde
Am Alten Walzwerk 1  Fax  (0 33 34) 38 49 20
16227 Eberswalde  ☎  (0 33 34) 38 49 10
http://www.familiengarten-eberswalde.de

Freizeitbad „baff"
Heegermühler Str. 69 a
16225 Eberswalde  ☎  (0 33 34) 2 33 22
http://www.baff-bad.de

### Finowfurt

Luftfahrtmuseum Finowfurt
Erlebnispark
Museumsstr. 2  Fax  (0 33 35) 32 62 24
16244 Schorfheide OT Finowfurt  ☎  (0 33 35) 72 33
http://www.luftfahrt-museum-finowfurt.de

MST-Touristikflößerei
Werbelliner Straße 54  Fax  (0 33 35) 32 53 71
16244 Schorfheide OT Finowfurt  ☎  (0 33 35) 3 02 03
http://www.mst-touristikfloesserei.de

Wasserwanderrastplatz Finowfurt
Hauptstr.
16244 Schorfheide OT Finowfurt  ☎  (01 72) 3 80 68 58

### Niederfinow

Triangel Tour Niederfinow
Dorfstr. 31
16248 Niederfinow OT Stecherschleuse  ☎  (03 33 62) 7 04 37
http://www.triangeltour.de

# Region Naturpark Barnim und Bernau bei Berlin

## Naturpark Barnim

Der Naturpark Barnim ist das einzige länderübergreifende Großschutzgebiet der Nachbarn Berlin und Brandenburg. Deutlich sichtbar vollzieht sich hier der Wechsel von Stadt zu Land. Vom Höhenzug des Barnims ist am Horizont noch klar das Panorama Berlins erkennbar. Die eiszeitlich geprägte Flora und Fauna wird bestimmt von großen Wäldern, klaren Seen, Mooren und fruchtbaren Offenlandschaften.

Der Brandenburger Teil des Naturpark Barnim erstreckt sich über das Städtedreieck Oranienburg, Eberswalde und mit der südlichen Spitze Bernau. Im Herzen des Naturparks – und nur einen Katzensprung von Berlin entfernt - befinden sich das Wandlitzer Seengebiet und das Biesenthaler Becken, die seit jeher viele Berliner zum Verweilen anlocken. Die zahlreichen klaren Seen, umgeben von Mischwäldern, bieten viele Ausflugs- und Freizeitmöglichkeiten.

Wandlitz lädt mit dem Strandbad am Wandlitzsee, dem Agrarmuseum und zahlreichen Sport- und Freizeiteinrichtungen zu einem Besuch ein. In Klosterfelde gibt es eine museale Rarität: das einzige Artistenmuseum Europas. Eisenbahnfreunde können an mehreren Wochenenden auf dem alten Streckennetz der Heidekrautbahn die Fahrt mit einem historischen Dampfzug erleben. Ein gut markiertes Wanderwegenetz führt um die Seen und durch Landschaftsschutzgebiete.

# Bernau bei Berlin

Vieles hat die Stadt in ihrer über 700-jährigen Geschichte erlebt. Respekt einflößend wirkt die gewaltige, aus Tausenden Feldsteinen bestehende Stadtmauer um die Innenstadt. Auch heute kann man sich vorstellen, wie Hussiten und Pommern vergeblich versuchten, die riesigen Befestigungsanlagen zu überwinden. Die Bernauer Wehranlagen sind in Brandenburg einzigartig – denn sie wurden mit Bäumen bepflanzt. Neben der gut erhaltenen Stadtmauer, die den Stadtkern fast völlig umschließt, zählen auch das Steintor mit Hungerturm und Henkerhaus, das Kantorhaus sowie das St. Georgen-Hospital zu den Attraktionen der Stadt. In der stattlichen St.-Marien-Kirche ist unter anderem ein seltener Flügelaltar mit Bildtafeln aus der Schule Lukas Cranach d. Ä. zu sehen. Ein großes Spektakel ist das an jedem zweiten Juniwochenende stattfindende Hussitenfest. Mit atemberaubenden Ritterspielen, einem historischen Markt und Festumzug wird der erfolgreichen Abwehr von belagernden Hussiten im Jahre 1432 gedacht.

## Ausflugstipps für die Region

### Sehenswürdigkeiten

#### Basdorf

Heidekrautbahn-Museum
An der Wildbahn 2 A   Fax   (03 33 97) 60 82 81
16352 Wandlitz OT Basdorf   ☎   (03 33 97) 7 26 56
http://www.berliner-eisenbahnfreunde.de

#### Bernau bei Berlin

Museum Henkerhaus
Steintor mit Hungerturm
Am Henkerhaus; Berliner Straße
16321 Bernau bei Berlin   ☎ (0 33 38) 22 45/56 14
http://www.bernau-bei-berlin.de

Galerie Bernau
Bürgermeisterstr. 4
16321 Bernau bei Berlin   ☎   (0 33 38) 80 68

Sankt-Marien-Kirche Bernau
16321 Bernau bei Berlin   ☎   (0 33 38) 7 02 20

Bauhausdenkmal
Bundesschule des ADGB
Hannes-Meyer-Campus 9
16321 Bernau bei Berlin ☎ (0 33 38) 76 78 75

### Biesenthal
Schlossberg-Turm
Rathaus

### Börnicke
Förderverein Schloss und Gutshof Börnicke e.V.
Ernst-Thälmann-Str. 1 Fax (0 33 38) 70 93 43
16321 Bernau bei Berlin OT Börnicke ☎ (0 33 38) 70 93 42
http://www.schloss-boernicke.de

### Klosterfelde
Internationales Artistenmuseum in Deutschland
Liebenwalder Str. 2
16348 Wandlitz OT Klosterfelde ☎/Fax (03 33 96) 2 72
http://www.artistenmuseum.de

### Schönow
Dorfkirche, Ehrenmal

### Schönwalde
Schloss Dammsmühle (nicht zugänglich), Kirche im Schinkelstil
http://www.schloss-dammsmuehle.de

### Wandlitz

Agrarmuseum Wandlitz
Breitscheidstr. 22 Fax (03 33 97) 6 08 88
16348 Wandlitz ☎ (03 33 97) 2 15 58
http://www.agrarmuseum-wandlitz.de

Bahnhofsgelände im Bauhausstil

### Prenden
Dorfkirche Prenden
Förderverein Dorfkirche Prenden 1611 e.V.
Mühlengasse 11
16348 Wandlitz OT Prenden ☎ (03 33 96) 8 72 88
http://www.dorf-prenden.de
Golfplatz ☎ (03 33 97) 6 48 88
http://www.golfplatz-prenden.de

### Zepernick
mittelalterliche St.-Annen-Kirche

# Ausflüge

### Basdorf
Dampflokfahrten im Traditionszug

### Bernau bei Berlin
Stadtführungen in Bernau

Fremdenverkehrsamt
Bürgermeisterstr. 4  Fax  (0 33 38) 76 19 19
16321 Bernau bei Berlin  ☎  (0 33 38) 76 19 70
http://www.bernau-bei-berlin.de

### Lobetal
Touristen-Treff mit Touristinformation „Alte Schmiede"
An der Schmiede 2  Fax  (0 33 38) 6 62 46
16321 Bernau bei Berlin OT Lobetal  ☎  (0 33 38) 6 64 35
http://www.lobetal.de

### Panketal
Rad- & Skaterweg  ☎  (0 30) 94 51 11 73
Hochseilklettergarten
in Hobrechtsfelde  ☎  (0 30) 9 44 22 86
http://www.hobi-klettergarten.de

### Ruhlsdorf
Wasserski und Wakeboardlift Ruhlesee
Biesenthaler Chaussee 25
16348 Marienwerder OT Ruhlsdorf  ☎/Fax  (0 33 37) 45 16 35
http://www.wake-and-camp.de

### Stolzenhagen
Strandbad Stolzenhagener See
Straße am See 90
16348 Wandlitz OT Stolzenhagen  ☎  (03 33 97) 2 15 16
http://www.strandbad-stolzenhagen.de

### Wandlitz
Surf-Center Wandlitzsee  ☎  (01 72) 6 43 28 40
Strandbad Wandlitzsee
Prenzlauer Chaussee 154
16348 Wandlitz  ☎  (03 33 97) 6 48 88

# Region Barnimer Feldmark

## Barnimer Feldmark

Die Barnimer Feldmark bietet ländliche Idylle unmittelbar vor den nordöstlichen Toren Berlins. Angerdörfer, Gutshöfe und Herrenhäuser, liebevoll restaurierte Feldsteinkirchen und weite Ackerflächen, die von prächtigen Alleen durchzogen sind, machen den Reiz dieser Landschaft aus. Der Blick über die durch weite Felder, alte Obstbaumalleen und märkische Dorfanlagen geprägte Kulturlandschaft lässt die Hektik der nahen Metropole schnell vergessen. Die charakteristischen Türme der Feldsteinkirchen sind Blickfang in vielen der märkischen Dörfer. Zu einem Spaziergang laden die romantischen Parkanlagen der Gutshöfe einiger Städte und Dörfer des Regionalparks ein. Ein Naturerlebnis ist die über 20 km lange märkische Eiszeitrinne des Naturschutzgebietes Gamengrund, der wegen seiner tiefen und klaren Seen und der vielen Wälder zu einer der schönsten Landschaften des Barnims zählt. Besonderen Spaß verspricht eine Tour mit dem Elektromobil über die Landwege der Barnimer Feldmark.

## Ausflugstipps für die Region

### Sehenswürdigkeiten

#### Blumberg

restaurierte Feldsteinkirche und Feldsteinmauer

#### Börnicke

Feldsteinkirche, Schloss und Parkanlage
*http://www.schloss-boernicke.de*

#### Hirschfelde

Feldsteinmauer
Werneuchen OT Hirschfelde

### Krummensee
restaurierte Feldsteinkirche und Feldsteinmauer
Werneuchen OT Krummensee

### Mehrow
Feldsteinkirche, Feldsteinmauer und Parkanlage
Ahrensfelde OT Mehrow

### Werneuchen
alter Stadtkern

Stadt Werneuchen
Am Markt 5 Fax (03 33 98) 9 04 18
16356 Werneuchen ☎ (03 33 98) 8 16 10
*http://www.werneuchen-barnim.de*

## Ausflüge

### Blumberg
Safaritour mit dem Elektromobil
Am Bahnhof 1
16356 Blumberg ☎ (03 33 94) 5 62 22
*http://www.regio-mobil.de*

Lennepark, Gärtnerinnenhof, Hofläden und Selbstvermarkter

### Börnicke
Kräuterwelt Gutshof Börnicke
Ernst-Thälmann-Str. 1 Fax (0 33 38) 70 93 43
16321 Bernau bei Berlin OT Börnicke ☎ (0 33 38) 70 93 38
*http://www.schloss-boernicke.de*

### Krummensee
Pilzhof Krummensee
Dorfstr. 16 Fax (03 34 38) 6 72 78
16356 Werneuchen OT Krummensee ☎ (03 34 38) 6 72 77
*http://www.pilzhof.de*

## Das Beste vom Barnim

Idyllische Dörfer liegen eingebettet in wogenden Kornfeldern und saftigen Weiden, die von ausgedehnten Wäldern und Seen umschlossen werden.

Naturliebhaber finden hier wahre Oasen der Ruhe.
Und für den Unternehmungslustigen gibt es vieles zu erleben!

- Radeln auf etwa 700 km Radwegen
- Wandern auf über 1.000 km Wanderwegen
- Wasserwandern auf ca. 100 km befahrbaren Wasserwegen
- über 50 Reiterhöfe

Das UNESCO-Biosphärenreservat Schorfheide-Chorin ist **Deutschlands zweitgrößtes Biosphärenreservat.** Einmalig ist die vielgestaltige eiszeitliche Landschaftsprägung und die Artenfülle an Pflanzen und Tieren.

Das **größte zusammenhängende Waldgebiet Mitteleuropas** ist die Schorfheide. Sie ist ebenso eines der **größten und traditionsreichsten Jagdgebiete** Europas.

Der Finowkanal ist die **älteste in Betrieb befindliche künstliche Wasserstraße Deutschlands**.

Die **älteste aktive Kanalschleuse Deutschlands** tut ihren Dienst in Eberswalde.

Das imposante Schiffshebewerk Niederfinow ist das **dienstälteste Hebewerk in Deutschland**.

Eines der **herausragendsten Bauwerke der norddeutschen Backsteingotik** ist das Kloster Chorin.

Die **größte funktionierende Taschenuhr der Welt** bringt bei einem Durchmesser von 4,50 Meter 20 Tonnen auf die Waage! Sie steht im Familiengarten Eberswalde.

**Unterirdisch Tretboot fahren** und in einer zauberhaften **Märchenspiellandschaft** herumtollen kann man im Familiengarten Eberswalde.

Zum **„besten kleinen Zoo Deutschlands"** wurde der Zoo Eberswalde gekürt. Hier gibt es **„das aufregendste Löwengehege der Welt!"**

In Eberswalde ist eines der einzigen drei **Obus-Netze** Deutschlands in Betrieb.

Der **erste Spritzkuchen** wurde in Eberswalde gebacken. Auch heute noch schmecken sie hier am Besten!

**Eberswalder Würstchen** sind nach wie vor eine schmackhafte Sache!

Die **größte deutsche Jugenderholungs- und Begegnungsstätte** liegt am malerischen Werbellinsee.

**Europas erstes und einziges Artistenmuseum** findet man in Klosterfelde.

# Wandertipps Barnimer Land

 **Wanderung durch den Gamengrund
(Barnimer Feldmark)**

Mit dem Zug (Strecke OE25) kommen Sie bequem von Berlin-Lichtenberg nach Werneuchen. Der Zug verkehrt stündlich und benötigt ca. 30 Minuten für diese Strecke. Von dort verkehrt alle 2 Stunden ein Bus (Linie 887) in Richtung Bad Freienwalde, der bis Tiefensee ca. 10 Minuten benötigt. Die Wanderung startet am ehemaligen Bahnhof Tiefensee auf dem Wanderweg mit dem „Gelben Punkt". Sie wählen erst den zweiten Abzweig nach rechts und folgen dem „Gelben Punkt" bis zum Gamensee. Hier treffen Sie auf den Heidewanderweg, der mit einem „Blauen Balken" gekennzeichnet ist, und auf den 66-Seen-

Rundwanderweg, gekennzeichnet mit einem „Blauen Punkt". Letzterer hat übrigens eine Länge von 376 km und führt rund um Berlin durch die Mark Brandenburg. Beide Wege verlaufen hier lange Zeit parallel.
Der wildromantische Gamengrund ist eine aus der Eiszeit stammende, dicht bewaldete Sumpf- und Seenrinne, die sich weder als Nutzwald noch für andere Zwecke eignete, sodass in ihr Verträumte Seen und urwüchsige Laubwaldgebiete erhalten blieben.
In südlicher Richtung laufen Sie an der Westseite des Gamensee's entlang und durchqueren als erstes den gut gepflegten „Country Campingplatz". Sie folgen dem Weg mit dem „Blauen Balken" bzw. mit dem „Blauen Punkt" bis Sie die Bundesstraße 168 Tiefensee – Prötzel und Landstraße Hirschfelde – Gielsdorf – Strausberg überquert haben. Hier verlassen sie den Gamengrund und folgen dem Wanderweg mit dem „Grünen Balken" nach rechts in Richtung Hirschfelde. Sobald sie vor Hirschfelde wieder auf einen „Gelben Punkt" stoßen, folgen Sie diesem in

Richtung Nordwesten durch den Ort, vorbei an Kirche, Dorfanger mit Hirsch-Statue und Gaststätte bis zum ehemaligen Bahnhof Werftpfuhl.
Dort verkehrt alle 2 Stunden der Bus nach Werneuchen (4 km), wo sie den stündlichen Zug nach Berlin-Lichtenberg erreichen.
Die ganze Wanderung hat eine Länge von ca. 17 km. Wenn Sie die Strecke etwas abkürzen möchten, können Sie den Gamengrund auch schon früher verlassen, in dem Sie einen der Abzweige nach rechts wählen, die mit einem „Gelben Punkt" gekennzeichnet sind.

###  Wanderung am Werbellinsee (Schorfheide)

Es gibt zwei mögliche Zugverbindungen von Berlin nach Eberswalde. Für die Strecke von Berlin Hauptbahnhof bis zum Hauptbahnhof Eberswalde (RE3) benötigt der stündlich fahrende Zug ca. 35 Minuten und für die Strecke von Berlin-Lichtenberg bis zum Hauptbahnhof Eberswalde (OE60) benötigt der ebenfalls stündlich fahrende Zug ca. 45 Minuten. In Eberswalde angekommen, steigen Sie am Bahnhofsvorplatz in die Touristenbuslinie „Rund um den Werbellinsee" 917 (diese Linie verkehrt im Sommerfahrplan von Mai bis September samstags, sonntags alle 2 Stunden) und fahren bis Eichhorst. In Eichhorst startet die Wanderung auf dem Weg mit dem „Gelben Punkt" entlang am Werbellinkanal in Richtung Norden, wahlweise auf der westlichen oder der östlichen Seite des Kanals, bis Sie am Askanierturm und an der Brücke über den Werbellinkanal auf den Rundweg um den Werbellinsee stoßen, der mit einem „Grünen Punkt" gekennzeichnet ist. Diesem „Grünen Punkt" folgen Sie in östlicher und später nördlicher Richtung bis zu Nordspitze des Sees. Dabei passieren Sie zu-

nächst den Campingplatz „Süßer Winkel" und Sie können etwas später in Altenhof z.B. in einem Fischrestaurant direkt am See eine Mittagspause einlegen. Weiter führt Sie der Weg etwas weg vom See durch die Werbelliner Berge. Nach kurzer Strecke sind Sie wieder direkt am Ufer des Werbellinsees und kommen nach einigen Metern am Campingplatz „Voigtswiese" vorbei.

Wenn Sie die nördliche Spitze des Sees erreicht haben, steigen Sie auf ein Fahrgastschiff der Reederei Wiedenhöft, auf dem Sie sich von der Wanderung erholen können. Das Schiff bringt Sie vom Reedereihafen Joachimsthal / Werbellinsee zur Anlegestelle in Altenhof.

Ab Altenhof haben Sie drei Möglichkeiten Ihre Tour zu beenden: Entweder Sie bleiben auf dem Schiff, lassen sich bis Eichhorst schippern und steigen dann wieder in die Touristenbuslinie 917, um nach Eberswalde zu kommen. Oder Sie verlassen an der Anlegestelle Altenhof das Schiff, steigen dort schon in die Touristenbuslinie 917 und fahren bis Eberswalde. Die dritte Möglichkeit ist gleichzeitig die aktivere, denn ab Altenhof kann auch wieder gewandert werden. Sie können den gleichen Weg wie auf dem Hinweg laufen, der führt Sie dann wieder direkt am Ufer des Sees entlang („Grüner Punkt" bzw. ab Werbellinkanal „Gelber Punkt"). Oder Sie entscheiden sich für eine andere Strecke, die Sie durch den Wald führt. Sie folgen ab Altenhof dem Weg mit dem „Grünen Balken" in Richtung Süden und später in Richtung Westen bis Sie wieder auf den Weg mit dem „Grünen Punkt" treffen am Campingplatz „Süßer Winkel". Von hier aus laufen Sie auf dem schon bekannten Weg am Werbellinsee und Werbellinkanal entlang zurück nach Eichhorst, wo Sie dann in den Bus der Touristenbuslinie 917 steigen und nach Eberswalde zurück fahren können.

Die Strecke von Eichhorst nach Joachimsthal hat eine Länge von ca. 15 km. Die Tour von Altenhof nach Eichhorst hat eine Länge von ca. 8 km.

## Rundweg Brodowin

Nach Brodowin gelangen Sie entweder mit Bus und Bahn (nur wochentags) oder mit dem Auto.
Es gibt zwei mögliche Zugverbindungen von Berlin nach Eberswalde. Für die Strecke von Berlin Hauptbahnhof bis zum Hauptbahnhof Eberswalde (RE3) benötigt der stündlich fahrende Zug ca. 35 Minuten und für die Strecke von Berlin-Lichtenberg bis zum Hauptbahnhof Eberswalde (OE60) benötigt der ebenfalls stündlich fahrende Zug ca. 45 Minuten. In Eberswalde angekommen laufen Sie vom Hauptbahnhof zum Busbahnhof und steigen dort in den Bus 912 Richtung Pehlitz/Chorin. Dieser Bus bringt Sie in ca. 30 Minuten nach Brodowin. Dort steigen Sie im Dorfzentrum in der Nähe der Kirche aus und starten Ihre Tour auf dem Weg mit dem „Gelben Punkt" in Richtung Osten. Rechterhand sehen Sie bald den Wesensee und gleich dahinter erhebt sich der 83 m hohe Rummelsberg, ein beliebter Aussichtspunkt. Informationstafeln am Fuße des Berges weisen auf dieses lohnende Ziel hin. Nachdem der Ortsteil Pehlitz durchwandert ist, ist ein Abzweig zum Campingplatz „Pehlitzwerder" möglich, wo eine kleine Badepause am Parsteiner See eingelegt werden kann.

Findet man nach diesem Abstecher wieder zurück auf den Rundweg mit dem „Gelben Punkt", führt einen dieser nun südlich des Wesensees entlang, vorbei an einem weiteren kleinen Aussichtspunkt, durch den südlichen Teil des Ökodorfes Brodowin zum Ausgangspunkt an der Kirche.

Hier steigen Sie wieder in den Bus 912, der Sie nach Eberswalde zurück bringt, von wo die Züge nach Berlin fahren.
Der Rundweg hat eine Länge von ca. 8 km. Die ÖPNV-Verbindung nach Brodowin verkehrt allerdings nur an Werktagen!

### ➔ Wanderung Liepnitzsee

Mit der S-Bahn S2 (Richtung Bernau) fahren Sie vom Bahnhof Berlin-Friedrichstraße nach Berlin-Karow. In Karow steigen Sie in die Regionalbahn (NE27) in Richtung Groß Schönebeck. Der Zug verkehrt stündlich und die gesamte Fahrtdauer von Berlin bis zum Haltepunkt Wandlitzsee beträgt 45 Minuten. Hier startet die Tour auf dem Weg mit dem „Blauen Punkt" in Richtung Liepnitzsee und Ützdorf. Rechts des Weges tauchen bald „Drei heilige Pfühle" auf. Kurz darauf erreichen Sie das Nordufer des Liepnitzsees mit seinen steilen Hängen. Der See ist in wunderschöne alte Buchenwälder eingebettet. Folgen Sie weiterhin dem mit dem „Blauen Punkt" gekennzeichneten Weg bis Sie an der Fähranlegestelle angekommen sind (Es handelt sich hier übrigens um den 66-Seen-Rundwanderweg, der auf einer Länge von 376 km rund um Berlin führt.). Die Fähre fährt von April bis Oktober zur Insel „Großer Werder" im Liepnitzsee. Die Insel teilt den See in zwei flussartig anmutende Arme. Im Winter wird die rund einen Kilometer lange Insel gern von Schlittschuhläufern umrundet – im Sommer im klaren Wasser schwimmend. Auf der Insel machen Sie eine kleine Pause in der Inselklause und begeben sich gestärkt wieder zur Fähre zurück. Diese bringt Sie wieder auf das Festland. Die Wanderung geht nun am Südufer des Liepnitzsees in westlicher Richtung auf dem mit einem „Blauen Balken" gekennzeichneten Wanderweg weiter. Diesem Weg folgen Sie, bis Sie auf einen „Grünen Balken" treffen. Linkerhand sehen Sie dann schon den Haltepunkt Wandlitz. Von dort können Sie Ihre Heimfahrt mit der Regionalbahn (NE27) und der S-Bahn (S2) in Richtung Berlin antreten.

# Überregionale Radwege

### Tour Brandenburg

Die „Tour de Brandenburg" mit 1111 Radkilometern führt bis in die entlegensten Winkel der Mark. Die Tour erschließt den Süden und den Norden des Landes und führt in die zwischen Berlin und der Oder gelegenen Regionen. Man lernt Brandenburg von seinen schönsten und interessantesten Seiten kennen. Die Tour verläuft größtenteils über gut befahrbare Rad-, Feld- und Wanderwege oder an ruhigen Landstraßen entlang.

### Oder-Neiße-Radweg

Der Oder-Neiße-Radweg mit seinen 465 Kilometern führt in Süd-Nord-Richtung durch Deutschlands fahrradfreundlichsten Nationalpark. Der Radweg bietet vorzügliche Gelegenheiten, mal einen Blick nach „drüben" zu werfen und die Begegnung mit den Nachbarn zu suchen. Zu erleben sind Städte mit großer Vergangenheit und europäischer Zukunft, aber ebenso kleine Ortschaften voller Beschaulichkeit. Und vor allem weite Auen an den Grenzflüssen Neiße und Oder sowie Landschafts- und Nationalparks erster Güte.

### Berlin-Usedom-Radweg

Der Berlin-Usedom-Radweg mit einer Länge von 337 Kilometern weist zwei verschiedene Radrouten aus, die West- und die Ostroute. Die Westroute führt durch ausgedehnte Waldgebiete, entlang von Seen und über weite flache Felder und Wiesen. Solche historischen Orte wie Joachimsthal und Prenzlau, aber auch viele kleine sehenswerte Dörfer werden dabei durchfahren. Die Ostroute führt entlang von Fluss- und Kanalläufen, vorbei an unzähligen Schleusenanlagen. Ausgedehnte Waldgebiete, Wiesen und Felder und die nahe polnische Grenze sind Ihre Begleiter. Neben vielen kleinen historischen Orten verläuft diese Radroute vorbei am Kloster Chorin, an Penkun, Löcknitz und Ueckermünde.

### Berlin-Kopenhagen-Radweg

Der Radweg Berlin-Kopenhagen hat eine Länge von 630 km und führt durch Brandenburg, Mecklenburg-Vorpommern über die Ostsee nach Dänemark. Auf der Radroute erleben Sie „Natur pur", kulturelle Sehenswürdigkeiten und gesellschaftliches Leben. Eine abwechslungsreiche Landschaft begleitet Sie von der deutschen Hauptstadt Berlin zur dänischen Hauptstadt Kopenhagen.

### Oder-Havel-Radweg

Der Oder-Havel-Radweg mit einer Länge von ca. 60 Kilometern beginnt in Oranienburg. Die Strecke führt vorbei an dem kleinen Städtchen Liebenwalde und weiter entlang des Finowkanals, vorbei am Schiffshebewerk nach Eberswalde. Am Rande des Naturparks Barnim verläuft die Radroute durch Oderberg zum Endpunkt nach Hohensaaten, hier ist die Anbindung zum Oder-Neiße-Radweg.

# Hofläden im Barnimer Land

Hofladen Lange
Bernauer Chaussee 15a,
16356 Blumberg-Elisenau ☎ (0 33 38) 75 71 33
*www.hofladen-lange.de*

Obstbauer Zaspel
Helenauer Weg 2
16356 Blumberg/Elisenau ☎ (0 33 38) 75 06 67
*www.obstbau-zaspel.de*

Hofladen Bauer Matthes
Freienwalder Chaussee 20
16356 Ahrensfelde OT Blumberg ☎ (03 33 94) 4 13
*www.kartoffeln.de*

Pilzhof Dr. Schulz
Dorfstraße 16
16356 Werneuchen OT Krummensee ☎ (03 34 38) 6 72 77
*www.pilzhof.de*

Bauer Peters
Seestraße 17
16356 Werneuchen Seefeld ☎ (03 33 98) 6 83 73

Obstbau Mehlich
Freienwalder Straße 57
16356 Werneuchen ☎ (03 33 98) 73 08

Bauer Nietsch
Adolf-Reichwein-Straße 23
16356 Werneuchen OT Tiefensee ☎ (03 33 98) 9 49 48
*www.bauer-nietsch.de*

Hofladen Schloss Börnicke
Ernst-Thälmann-Straße 2,
16321 Börnicke,
Stadt Bernau bei Berlin ☎ (0 33 38) 70 93 38
*www.schloss-boernicke.de*

Gut Neudorf Hiram-Heim e.V.
Neudorf 2
16348 Klosterfelde ☎ (03 33 96) 7 90 41

Hof Schwalbennest
Pehlitz 3
16230 Chorin ☎ (0 33 36) 27 07 69

Ökodorf Brodowin
Weißensee 1
16230 Chorin ☎ (03 33 62) 7 06 10

## Barnimer Land: *www.barnim.de*

Auskünfte über das Barnimer Land erhalten Sie bei folgenden Informationsstellen:

 Wirtschafts- und
Tourismusentwicklungsgesellschaft mbH
Alfred-Nobel-Straße 1
16225 Eberswalde
☎ (0 33 34) 5 91 00
Fax (0 33 34) 5 93 37
*http://www.tourismus.barnim.de*
*E-Mail: tourismus-wito@barnim.de*

**i** Stadt Bernau bei Berlin, Fremdenverkehrsamt
Bürgermeisterstr. 4
16321 Bernau bei Berlin
☎ (0 33 38) 76 19 19
Fax (0 33 38) 76 19 70
*http://www.bernau-bei-berlin.de*
*E-Mail: Fremdenverkehrsamt@bernau-bei-berlin.de*

**i** Stadt Eberswalde, Tourist-Information
Steinstr. 3
16225 Eberswalde
☎ (0 33 34) 6 45 20
Fax (0 33 34) 6 45 21
*http://www.eberswalde.de*
*E-Mail: tourist-info@eberswalde.de*

**i** Touristinformation Wandlitz
Tourismusverein Naturpark Barnim e.V.
Prenzlauer Chaussee 157
16348 Wandlitz
☎ (03 33 97) 6 61 31
Fax (03 33 97) 6 61 68
*http://www.tourismusverein-naturpark-barnim.de*
*E-Mail: tv-naturparkbarnim@ibs-brandenburg.de*

Touristinformation Biesenthal
Tourismusverein Naturpark Barnim e.V.
Berliner Str. 1
16359 Biesenthal
☎ (0 33 37) 49 07 18
Fax (0 33 37) 49 07 18
*E-Mail: biesenthal@barnim-tourismus.de*

Touristinformation „Groß Schönebeck"
Schlosstr. 6
16244 Schorfheide OT Groß Schönebeck
☎ (03 33 93) 6 57 77
Fax (03 33 93) 6 57 78
*E-Mail: touristinfo.schorfheide.gs@barnim.de*

Touristinformation „Safari Lodge" Blumberg
für den Regionalpark Barnimer Feldmark
REGIO NATOUR GmbH
Am Bahnhof 2
16356 Ahrensfelde Ortsteil Blumberg
☎ (03 33 94) 5 62 22
Fax (03 33 94) 5 62 23
*www.regio-natour.de, www.feldmaerker.de*
*mail@regio-natour.de*

Info-Punkt Glambeck, Denkmale Glambeck e.V.
Wolletzer Weg
16247 Glambeck
☎/Fax (03 33 61) 7 02 65
☎ (01 60) 92 98 20 72
*www.glambeck.barnim.de*

Touristinformation Eichhorst
Am Werbellinkanal 13a/b
16244 Schorfheide OT Eichhorst
☎ (0 33 35) 33 09 34
Fax (0 33 35) 33 09 35
*E-Mail: touristinfo.schorfheide.ei@barnim.de*

tmu Tourismus Marketing Uckermark GmbH
Grabowstr. 6
17291 Prenzlau
☎ (0 39 84) 83 58 83
Fax (0 39 84) 83 58 85
*http://www.tourismus-uckermark.de*
*E-Mail: info@tourismus-uckermark.de*

Schorfheide-Information
Töpferstr. 1
16247 Joachimsthal
☎ (03 33 61) 6 33 80
Fax (03 33 61) 6 33 83
*http://www.schorfheide-chorin.de*
*E-Mail: br-joachimsthal@web.de*

Touristinformation Am Schiffshebewerk
16248 Niederfinow
☎ (03 33 62) 7 13 77
Fax (03 33 62) 7 13 78